연민,
사랑으로 가는 길

연민, 사랑으로 가는 길

2018년 3월 13일 교회 인가
2018년 5월 15일 초판 1쇄 펴냄

지은이 · 윤해영
펴낸이 · 염수정
펴낸곳 · 가톨릭출판사
편집 겸 인쇄인 · 김대영
편집장 · 이현주
편집 · 강서윤, 김소정
디자인 · 강해인
마케팅 · 강시내

본사 · 서울특별시 중구 중림로 27 | **지사** · 경기도 고양시 일산동구 노첨길 65
등록 · 1958. 1. 16. 제2-314호
전자우편 · edit@catholicbook.kr | **전화** · 1544-1886(대) / (02)6365-1888(영업국)
지로번호 · 3000997

ISBN 978-89-321-1514-6 03230

값 10,000원

© 윤해영, 2018

가톨릭출판사 인터넷 서점 · http://www.catholicbook.kr
직영 매장: 명동대성당 (02)776-3601, (070)8865-1886/ FAX (02)776-3602
　　　　　　가톨릭회관 (02)777-2521, (070)8810-1886/ FAX (02)6499-1906
　　　　　　서초동성당 (02)313-1886/ FAX (02)585-5883
　　　　　　서울성모병원 (02)534-1886/ FAX (02)392-9252
　　　　　　절두산순교성지 (02)3141-1886/ FAX (02)335-0213
　　　　　　미주지사 (323)734-3383/ FAX (323)734-3380

가톨릭의 모든 도서와 성물을 '가톨릭출판사 인터넷 서점'에서 만나 보실 수 있습니다.

이 도서의 국립중앙도서관 출판예정도서목록(CIP)은 서지정보유통지원시스템 홈페이지(http://seoji.nl.go.kr)와 국가자료공동목록시스템(http://www.nl.go.kr/kolisnet)에서 이용하실 수 있습니다(CIP제어번호: CIP2018012391).

성경 © 한국천주교중앙협의회

이 책은 저작권법에 의해 보호를 받는 저작물이므로 무단 전재와 무단 복제를 금합니다.

연민,
사랑으로 가는 길

윤해영 지음

당신 때문에 행복해하는 사람이 있어요.
당신 때문에 살맛 난다고 하는 사람이 있어요.

가톨릭출판사

머리말

멀리서 온 반가운 엽서

10년 가까이 CPBC-FM 기도 상담 프로그램을
진행하면서 저는 수많은 청취자들을 만났고,
그분들로부터 귀한 선물을 받았습니다.
삶의 고통 속에서도 주님 향한 해바라기가 되어
또다시 일어서는 그분들을 기억하면서
세상을 바라보는 저의 시선도,
사람을 만나는 저의 마음도
조금씩 변화했으니까요.

발견보다 더 중요한 것은 '눈뜸'인 것 같습니다.
발견은 훈련으로 가능하지만

눈뜸은 관점이 부서지고 의식이 확대되어야만
가능한 일이니까요.
방송을 통해 만난 소중한 청취자들은
저에게 눈뜸을 가르쳐 주었습니다.
세상은 아름답고, 사람은 더욱더 아름답다고…….

《연민, 사랑으로 가는 길》은 방송을 하면서
오프닝 또는 단상으로 쓴 묵상 글들입니다.
본질적으로 방송은 바람의 운명과 비슷하기에
이미 날아가고 흩어진 글들이지만
다시 누군가에게 멀리서 온 반가운 엽서가 되어
기쁘게 안기기를 바랍니다.

언제나 곁에서 힘 되어 주시는 주님께
찬미 영광 드리며
부족한 글, 곱게 다듬어 책으로 엮어 주신
가톨릭출판사의 정성과 노고에
깊이 감사드립니다.

윤해영 바실리사 수녀

차례

머리말
멀리서 온 반가운 엽서 5

제1부
완벽하지 않아도 괜찮아요

보색 13 | 몸의 중심 14 | 마음의 아킬레스건 16
상처 18 | 딱 한 사람 19 | 주홍 글씨 21
긍정의 힘 23 | 사랑의 릴레이 25 | 준비, 땅! 27
누군가를 사랑했을 때…… 29 | 인생의 높이 31
나를 위해 33 | 내리는 눈처럼 34
마음속 어린아이 36 | 뒷모습 37 | 효도 39

제2부
하느님 나라를 위하여

계란 하나 43 | 말다툼 45 | 쪽지 수행 47 | 선물 49

참 좋은 선물 51 | 모기가 준 교훈 52 | 열매 54

수녀님들의 금경축 56 | 순교자 수녀님 58

그분 뒤에 서는 연습 60 | 주일 미사 62 | 새 노트북 64

수도 생활 3대 원칙 66 | 빨래 68 | 소나무 70

몸부림 72 | 삼복더위 74 | 수도복 75 | 겨울 싹 77

라일락 나무 78 | 하늘의 별 80 | 걸으면서…… 82

손 편지 84 | 글쓰기 86 | 백장미 수녀님 88 | 수도자 90

제3부
무심하게 지나친 그 일상이 선물입니다

손해를 보셨나요? 95 | 일상 97 | 행복 99

멈춰 주세요 100 | 부르심 102 | 가장 든든한 길동무 104

숙제 106 | 김영란법 108 | 소나기 110 | 기억 속의 과거 111

몸이 아플 때면 113 | 다시 시작 115 | 노숙인 117

해 질 무렵 119 | 고해성사 121 | 세월호 123 | 촛불 125

제4부

기뻐하고 기도하고 감사하고

마음의 티눈 129 | 하늘에 계신 우리 아버지! 131 | 연민 134

봄꽃이 되어 136 | 2016년 겨울, 광화문에서 138

어떻게 들어야 할까요? 140 | 그해 여름 142

부끄러움 144 | 마음의 뿌리 146 | 당신은 148

파동과 공명의 세계 150 | 소통의 어려움 152

사람을 볼 때 154 | 무지개, 아름다운 모든 것 156

나는 흙입니다 158 | 잊을 수 없는 1987년, 그날 159

그믐달 162 | 신앙의 삼박자 163

제5부

예수, 마리아, 요셉

성탄聖誕 167 | 성모님의 일곱 향기 171 | 성聖 요셉 178

제1부

완벽하지
 않아도
괜찮아요

보색

주황색을 칠할 때 적당한 보색으로
힘을 뺄 필요가 있습니다.
그래서 엷은 파란색을 입히지요.

엷은 파란색은 눈에 보이지 않습니다.
그러나 보색을 만나 살짝 힘이 빠진 주황색은
놀라운 부드러움과 깊이를 지니게 됩니다.

사람의 생각에도 보색이 필요합니다.
자기 생각에 보완적인 생각을 구하면
부드럽고 성숙한 사람으로 성장할 수 있습니다.
당신을 깊이 있게 만드는 보색은 어떤 것인가요?

몸의 중심

사람 몸의 중심은 어디일까요?
머리일까요?
가슴일까요?
배일까요?
사람 몸의 중심은 아픈 곳입니다.

손이 아프면 손 쪽으로 온 신경이 쏠리게 되지요.
그래서 손이 아프면 손이 중심이고요.
발이 아프면 발이 중심이 되는 거예요.
손끝이 아프면 손끝을 돌봐 주고
발톱이 아프면 발톱을 돌봐 줘야지
다 제치고 머리를 돌보나요?

지금 당신이 아픈 곳이 당신 몸의 중심이에요.
마음이면 마음을,
머리면 머리를,
바로 그 부분을 어루만져 주세요.

마음의 아킬레스건

병문안 갔다가 엘리베이터에서
다리 한쪽을 크게 깁스하고
휠체어에 의지한 청년을 보고서
안된 마음에 말을 붙였어요.

"더위에 힘드시겠어요?" 했더니
"아킬레스건을 다쳐서요. 꼼짝 말래요."
하더라고요.
"그래도 다행이네요. 마음의 아킬레스건을
다치지 않아서……."
했더니 그 청년이 껄껄 웃었어요.

건드리면 도지고 마는 마음의 아킬레스건……
시도 때도 없이
그 깊은 상처가 쑤셔 대면 어떻게 해야 될까요?
그냥 가만히 두어야지요.

아킬레스건 다친 청년이 꼼짝 못하듯이……
가만히 두어야 해요.

상처

상처는 주는 것일까요?
받는 것일까요?
아니면 주기도 하고 받기도 하는 것일까요?

상처는 주는 것도 아닙니다.
받는 것도 아닙니다.
더구나 주고받는 것은 더더욱 아니지요.

상처는 내가 만드는 것입니다.
그래서 상처를 치유하는 힘도
나에게 있습니다.

딱 한 사람

삶이 너무 고달파
모든 것을 포기하려 해도
딱 한 사람,
나를 의지하고 있는 그 사람이 무너질 것 같아
내일을 향해 바로 섭니다.

슬픈 일이 너무 많아
눈물을 흘리면서 살아가고 있지만
딱 한 사람,
나를 향해 웃고 있는 그 사람 미소가 떠올라
혼자 조용히 웃어 봅니다.

사람들의 멸시 때문에
아무것도 할 수 없을 것 같지만
딱 한 사람,
나를 인정해 주는 그 사람 목소리가 귓전에 맴돌아
용기를 내어 새 일을 시작합니다.

주홍 글씨

남산 소나무 숲에 빨간 페인트칠을 한 나무들이
드문드문 눈에 뜨입니다.
숲을 조성하기 위하여
베어 버릴 나무들이라고 하는데요.

문득 너새니얼 호손의 《주홍 글씨》가 생각났습니다.
가슴에 진홍색 A가 수놓아진 옷을 입고
처형대 위에 서 있는 아름다운 여인, 헤스터 프린.

나무도 가슴 아픈 말을 들으면 슬퍼서 죽는다는데,
주홍 글씨처럼 빨간 칠까지 해 놓았으니
엉엉 울 것 같습니다.

혹시라도 남의 가슴에 빨간 칠 하는 일이 없도록
조심조심 남의 마음 헤아리면서 살아야겠습니다.

긍정의 힘

교통사고로 목 아래, 전신이 마비되어
하루 종일 누워 있는 사람이 있었어요.
그런데 신기하게 그 힘든 상황에서도
미소 지으며 지냈어요.

"많이 힘드실 텐데 어떻게 이렇게 웃고 계세요?"
그 사람은 활짝 웃으며 말했어요.
"사용할 수 있는 근육이 이것밖에 없어서요."

긍정은 병든 세상을 살리고
죽어 가는 사람을 살리는 힘입니다.

힘들고 어려울수록 해야 할 일들이에요.
마음 챙기기, 생각 다잡기, 말 아끼기…….
마음과 생각과 말만 나란히 만들어도
삶은 안정되지요.

사랑의 릴레이

어느 건물 큰 유리문에 들어서는데
앞에 가시던 분이 일부러 기다려 주셨어요.
문이 쾅 하고 닫힐까 봐 배려해 주신 거지요.

저도 고맙다고 인사하고선
뒷사람을 위해 잠시 기다려 주었어요.
그랬더니 그분도
그 뒷사람을 위해 똑같이 기다려 주시더군요.

그 뒷사람도,
또 그 뒷사람도…….
이렇게 아주 잠깐 사이에

사랑의 릴레이가 이어졌지요.

유리문도 흐뭇한지
반짝반짝 웃고 있었어요.

준비, 땅!

"준비, 땅!"
달리기 출발선 앞,
선생님의 신호탄 소리가 지금도 잡힐 듯합니다.
그땐 정말 열심히 달렸었는데…….

세월이 흐르면서
많은 것들이 시큰둥해져 갔습니다.
달리기도,
매달리기도,
윗몸 일으키기도…….

주님,
오늘 제 출발선 앞에서
당신의 팔을 한껏 들어 주시겠어요?

이미 멈춘 지 오랜,
많은 일들에 시들해져 버린 이 자리에서
다시 혼신을 다해 뛸 수 있도록
당신의 팔을 높이 들어 주시겠어요?

"준비, 땅!"

누군가를 사랑했을 때……

누군가를 사랑했을 때……
그 사람의 어떤 점이 끌리셨나요?

외모에 반해서,
유머가 있어서,
코드가 맞아서,
해박해 보여서,
돈이 있어 보여서,
진실해 보여서…….

혹시 이런 경험은 없으셨나요?
그의 결점이

매력으로 느껴져 사랑을 하게 된 경우…….
젊은 날 보지 못하고, 읽어 내지 못한 것들이
이제는 아주 조금씩 조금씩 보이는 듯합니다.

누구나 완전한 모습을 바라지만
우리는 모두 정말 부족하지 않습니까?
자신의 부족함을 인정하는 사람만이
상대의 부족함을 받아들일 수 있을 거예요.

부족한 모습을 부끄러워하게 되면
그것을 감추기 위해 포장해야 하고
그 포장은 결국 거짓의 옷을 입을 수밖에요.
거짓의 옷을 입는 순간
사랑은 멀리~ 멀리~ 사라집니다.

인생의 높이

인생은
가늘고 길게 사는 것이 좋을까요?
아니면 굵고 짧게 사는 것이 좋을까요?

인생에는 길이도 있지만 높이도 있습니다.
길이는 내가 어떻게 할 수 없지만
높이는 내가 어떻게 사느냐에 따라 달라집니다.

내 인생의 높이는
비판 끝에 이해하고,
미움 끝에 용서하고,
질시 끝에 사랑하는 일.

그리고

가장 귀한 내 인생의 높이는……

반복되는 일상을 설렘으로 맞이하는 일.

나를 위해

나는 나를 위해 미소를 띱니다.
나는 나를 위해 노래를 부릅니다.
나는 나를 위해 꽃향기를 마음 안에 들입니다.

나는 나를 위해 좋은 생각을 합니다.
나는 나를 위해 고운 말을 합니다.
나는 나를 위해 그를 용서합니다.

행복의 열쇠는 금고 여는 구멍과 맞지 않고,
마음 여는 구멍과 맞는다고 하지요.
우리 모두 마음을 열어요.
나를 위한 행복을 찾기 위해서요.

내리는 눈처럼

오늘 새벽에 눈이 내리는 것을 바라보다가
문득 스치는 생각이 있었어요.

"눈은 자기가 내리고 싶은 곳을
골라 내리지 않는구나.
눈은 자기가 어디에 내려 쌓일지 모르는구나.
그래서 나뭇가지에 쌓인 눈이
이렇게 예쁜 거구나."

눈은 어디에 쌓일지 모르는 채
낮은 곳으로 더 낮은 곳으로 내려서
한순간 세상을 곱게 만들어 놓고 일생을 마칩니다.

이런 눈처럼,
그냥 그분의 리듬에 발맞추어
걷고 노래하고 춤추고……
저도 그렇게 살고 싶습니다.

마음속 어린아이

아무리 짓눌러도
우리 마음속 어린아이는 죽지 않습니다.

아무리 숨겨도 가끔씩 고개를 내밀고
작은 일에도 감동하는 마음,
다른 이의 아픔을 함께 슬퍼하는 마음으로
우리 가슴을 두드리지요.

아무리 무시해도 피어나는 아름다운 세상을 보고
"와! 되게 예쁘다." 감탄하고 행복해합니다.

뒷모습

전에는 삶의 앞쪽, 아름다운 쪽만 보았다면,
아니 그것만을 보길 원했다면
점점 삶의 뒤쪽, 결코 아름답다고 할 수 없는
좀 더 그늘진 쪽도 눈에 들어옵니다.

제 안의 소용돌이를 견뎌 내면서
조금씩 성숙해졌기 때문이 아닐까?
스스로 진단해 보기도 합니다.

내 몸이면서도 내가 모르는 것이 뒷모습이지요.
사람들의 뒷모습 속에는 당당함,
아름다움을 느끼게 하는 모습도 있고요.

삶의 가지가지 끈들에 얽매여
허우적대는 눈물겨운 데도 있습니다.
만나는 사람들 뒷모습, 많이 사랑해야겠어요.

효도

부모에게 자식은 불꽃이라는데
자식에게 부모는 무엇일까요?

자식들은 자신이 부모가 된 후,
자기 자식 때문에 속이 다 타고 난 후에야
비로소 부모 마음을 안다고 하지요?

부모님 손을 언제 잡아 보셨나요?
부모님 손을 잡아 보면 느껴지지요.
아픈 상처가 녹아내리는 것을요.

부모님 어깨를 언제 안아 드렸나요?

부모님 어깨를 안아 보면 느껴지지요.
아픈 상처에서 새살이 돋아나는 것을요.

제2부

하느님 나라를
위하여

계란 하나

수녀원 아침 식사는
식빵 한 조각, 삶은 계란 하나, 사과 반 개.
조촐한 것 같지만 영양은 충분하답니다.

오늘 아침 식사 때 저희들은 큰 선물을 받았어요.
금요일 아침엔 삶은 계란이 빠지는데
요일을 착각한 주방 동생 수녀님 덕분에
금요일인데도 모른 척하고
다들 계란까지 먹었거든요.

작은 실수가
이렇게 큰 기쁨이 될 줄이야…….

보라색 금요일에

파란색 기쁨을 맛본 금요일이었어요.

말다툼

동생 수녀님과 말다툼을 했습니다.
저는 기분 나쁜 제 마음을 나타냈고요.
동생 수녀님도 자신의 입장을 표현했어요.
그러고 나니 금방 관계가 어색해졌지요.

다행히 마무리를 잘하고
각자 자기 자리로 돌아갔지만
여간 민망스러운 게 아니었습니다.

이튿날 저는 동생 수녀님을 찾아갔지요.
"하룻밤 자고 나니
내가 참 속이 좁았다는 걸 알았어. 미안해."

동생 수녀님도
"제가 말을 잘못했어요. 정말 죄송해요." 했습니다.

우리는 화해의 표시로 체온 인사를 나누었답니다.
체온 인사는 서로 안아 주는 따뜻한 인사예요.

쪽지 수행

말씀을 마음에 깊이 새기는 방법 중에
'쪽지 수행'이란 게 있습니다.

성경 말씀을 읽고,
마음에 남는 한 구절을 쪽지에 적어
주머니에 넣고 다니면서
보고 또 보고, 새기고 또 새기는 수행이에요.

꾸준히 하다 보면
조금씩 조금씩 말씀에 맛 들이는
자신을 만날 수 있고요.
어느덧 내 행동도 절도 있고

또 여유 있게 변화하는 걸 느낄 수 있답니다.

제 주머니 속에 있는 말씀 쪽지,
오늘의 말씀이에요.
"주님께서는 내 곁에 계시면서 나를 굳세게 해 주셨습니다."(2티모 4,17)

선물

저는 누구를 만나든
선물을 가져가려고 노력합니다.
수녀가 무슨 돈이 있어서
선물을 들고 다니느냐고요?

먼저 그에게 무엇이 필요할까, 헤아려 봅니다.
격려가 필요하면 격려를,
칭찬이 필요하면 칭찬을,
위로가 필요하면 위로를,
웃음이 필요하면 웃음을,
그리고 밥 한 끼가 필요하면
적은 용돈 탁탁 털어서라도 밥을 같이 먹습니다.

선물과 함께 기도도 꼭 가지고 갑니다.
누구를 만나든 그를 위해
조용히 하느님께 화살기도를 드립니다.
기도는 제가 줄 수 있는 가장 귀한 선물이니까요.

참 좋은 선물

지난 주말에는 췌장암으로 투병 중인
수녀님을 뵙고 왔습니다.

수녀님이 또렷하게 말씀하셨어요.
"예수님이 하늘나라 초청장을 보내 오셨는데
기쁘게 준비해야지."
저는 수녀님을 가만히 안아 드렸어요.

그리고 뿌연 안경을 물로 깨끗이 닦아 드렸더니
무척 고마워하셨습니다.
'안경을 닦아 드리는 일도 좋은 선물이구나.'
저도 많이 기뻤습니다.

모기가 준 교훈

지난 열흘 피정 동안
모기에 어지간히 물렸습니다.
피정의 집은 순수 자연이라서 그런지
모기, 벌레들도 많았고요. 그 위력도 대단했어요.

너무 가려워서 긁고 또 긁고 했더니
상처 딱정이가
바둑알만 하게 자리 잡고 말았어요.

가려워서 만지면 아프면서도 시원하니까
자꾸 손이 가곤 합니다.

우리 인생도 상처를 안고 살아가지요.
상처 딱정이의 흔적을 바라보며
때론 빙그레 미소 짓기도 하면서요.

열매

은티 산골에서 피정을 하면서
자연스럽게 농사를 아주 조금 도왔습니다.
수확철이라 열매를 거두는 일이었어요.

고구마, 야콘, 고추, 감, 대추, 깨, 무 등…….
탐스러운 열매들,
그리고 미처 다 크지 못한 가엾은 것들…….

땅속에서 용케 잘 견뎌 냈구나.
땅 위에서도 씩씩하게 잘 견뎌 냈구나.
고맙고 안쓰러운 마음에
하나하나 어루만져 주었지요.

자연이 말을 못해서 그렇지
사람 못지않게 고통을 이겨 낸 모습을,
눈으로 보고 피부로 느낀 소중한 날이었어요.

수녀님들의 금경축

오늘 수녀원에서는
열두 분 수녀님의 금경축 미사가 있었습니다.
수도 생활 50년의 의미는
감사와 눈물이 교차하는 특별한 의미가 있지요.

어느 수도승이 질문을 받았답니다.
"당신은 수도원에서 무엇을 하고 있소?"
"우리는 수시로 넘어지고 수시로 일어나고,
또 넘어지고 또 일어납니다."

넘어지고 일어나는 일이 수도 생활이에요.
50년 넘어지고 50년 일어나신

수녀님들의 모습이 환한 걸 보니
"넘어지고 일어나는 일이 참 행복한 거구나!"
새삼 깨달은 오늘이에요.

순교자 수녀님

수녀원에서는 아침 식사 때 방송으로
회헌이나 선배 수녀님들의 전기를 들으며
식사합니다.

오늘은 6·25 전쟁 중에 순교하신
베아트릭스 수녀님 이야기를 들었습니다.

수녀님께서는 환자를 방문하실 때
낡은 구두에 콩 세 알을 넣어
신고 걸으셨다고 합니다.
맨발로 병자들을 만나러 가신 예수님을
본받으려 하신 거지요.

그리고 가난한 사람들을 기억하고자
식사하실 때는 아주 조금만 잡수셨고요.

더 좋고 더 편리한 것을 찾는 저를 보며
아침부터 많이 뜨끔한 하루입니다.

그분 뒤에 서는 연습

지난 2월 초에 수녀원 구내에서
이사를 하게 되었습니다.
전에 쓰던 방은 창문을 열면 가로수가 보이는
길가 쪽이었는데
새로운 방은 수녀원 정원이 보이는
예수 성심상 바로 뒤쪽입니다.
이사하여 처음 창문을 열었을 때
예수님 뒷모습을 보고
순간 가슴에 미안한 바람이 일었습니다.

예수님의 뒷모습…….
그분을 따른다는 것은

그분 뒷모습을 보고
그분께서 가신 길을 향하여
발을 내딛는 것인데……
나는 그분 앞모습에 훨씬 더 익숙하지 않았는지.
눈을 마주하면서
이건 왜 이렇고 저건 왜 저렇냐고
이리 묻고 저리 따지지 않았는지.
지난날 나의 모습이 주마등처럼 스쳐 갔습니다.

말로는 매번 그분을 따른다고 하면서도
자꾸 앞을 가로막으며 한 발 앞장서서 내딛는
나를 바라보시는 예수님의 뒷모습이
왠지 서글퍼 보이는 것은
너무나 당연한지 모릅니다.
새로운 방에서 예수님 뒷모습을 보며
그분을 좀 더 잘 따르기 위해
그분 뒤에 서는 연습을 열심히 해야겠습니다.

주일 미사

어제 주일 미사는 수녀원에서 참례 못 하고
본당에서 교우들과 함께 참례했습니다.

피치 못할 사정으로 헐레벌떡 성당에 들어갔고
이미 자리가 다 차서 저는 뒤에 서 있었는데요.
시간에 늦은 교우들이 하나둘
저처럼 계속 들어왔어요.

시간 맞추어 준비 잘하고 오는 교우들도
아름다웠지만
일주일 살아갈 힘을 얻고자
헐레벌떡 주님을 향해 달려온 교우들도

아름다웠습니다.

시간에 좀 늦었다고 이들을 나무랄 수 있을까요?
아름다운 우리 교우들의 삶을 응원합니다.

새 노트북

폭염에 온열로,
제가 쓰던 노트북이 완전히 망가졌습니다.
15년 전에 구입한 것이라 느리긴 하지만
그래도 글 쓰는 작업을 잘 도와주었는데
인사도 못 하고 헤어져서 많이 아쉽습니다.

지금 제 앞에는 새 노트북이 있습니다.
수녀원에서 급히 마련해 주었는데
전의 것보다 열 배는 빠른 것 같습니다.

화면도 시원하고 키보드도 부드러워서
글씨도 미끄러지듯 잘 써집니다.

그런데 참 이상해요.

글감이 잘 떠오르질 않아요.

시간이 해결해 줄까요?

아니면 제 마음이 해결해 줄까요?

수도 생활 3대 원칙

수녀원에 입회하면 대대로 내려오는
수도 생활 3대 원칙을 알려 줍니다.
잘 먹고, 잘 자고, 잘 놀고…….
3대 원칙에 기도가 빠져 있는 게 이상하지요?

수도 생활은 하나부터 열까지 모두 기도입니다.
먹는 것, 잠자는 것, 일하는 것, 노는 것,
말하는 것, 걷는 것, 앉는 것, 웃는 것,
노래하는 것, 운동하는 것,
모든 행위가 다 수행으로 연결되기 때문이지요.

어디 수도 생활뿐이겠습니까?

세상 한복판에서의 삶 또한 수행이지요.
하느님 나라를 위한 수행,
오늘도 기쁘게 하셨습니까?

빨래

빨래를 삶는데
순면이 아닌 옷감인 걸 알고서도 삶았습니다.
아니나 다를까 꼬깃꼬깃 구겨져서
애써 다려야 했지요.

옆에서 보고 있던 수녀님께
"제가 알고서도 일을 저질렀으니 교만의 극치죠?"
했습니다.
그랬더니 수녀님께서
"모험 정신이 있으니 앞으로 발전하겠어."라고
웃으며 말씀하셨어요.

같은 말이라도

주눅 들지 않게 용기를 주는 말이었습니다.

소나무

수녀원에는 제가 각별히 마음을 주는
소나무가 있습니다.
성모상 옆,
햇빛을 향하여 가지들이 굽어진 소나무…….

성모님 얼굴이 안 보이니
어서 가지치기를 해야 한다고
수녀님들 입에 늘 오르는 그 소나무입니다.

그 소나무는 34년 전, 제가 아기 수녀였을 때
심겼어요.
키가 작고 향이 신선했던 아기 소나무…….

저는 그 나무를 바라보며 컸고,
때론 기대며 행복했지요.

중복 더위에 소나무도 힘들 것 같아
살짝 어루만져 주었더니
시원한 기운을 말없이 전해 줍니다.

몸부림

언젠가 수녀원 피정 집 뒷산을 오르다가
제법 세찬 바람을 만난 적이 있어요.
세차게 바람이 불자
나무들이 흔들리기 시작했는데
유독 흔들리지 않는 나무가 하나 있었어요.
가만히 살펴보니 죽은 나무였어요.

나무가 바람에 흔들리는 것은
바람 앞에 맥없이 무릎을 꿇는 것이 아니라
오히려 생명력 넘치는 나무의 몸부림이라는 것.

그날의 기억이 생생합니다.

누구나 몸부림치면서 살아가는 날이 있겠지요.
흔들릴망정 부러지지는 마세요.

삼복더위

수녀원은 에어컨을 거의 쓰지 않습니다.
선풍기도 조금은 귀하게 쓰고 있어요.
하지만 부채가 있어서
나름 시원한 바람을 만들어 냅니다.

머리에 쓴 베일이 생각보다 그렇게 덥지는 않아요.
비가 올 때 간혹 우산이 되기도 하니 고맙지요.
긴팔 수도복은 오히려 햇빛을 가려 줍니다.

주어진 것 안에서
장점을 발견하려 애쓰다 보니
어느새 벌써 말복이네요.

수도복

동복과 하복.
1년에 두 번
수도복을 바꿔 입을 때의
그 느낌은 사뭇 다릅니다.

옅은 회색 하복은
시원하고 산뜻한 마음이 되고요.
짙은 회색 동복은
옷 자체가 주는 무게와 책임이 느껴져요.

"옷값 제대로 하고 살아야지."
동복을 입으면서

이 가을에,
또다시 새롭게 태어납니다.

겨울 싹

수녀원 뒤뜰을 산책하다가
잎이 떨어진 나뭇가지를 자세히 보았는데요.

영하 10도가 넘는 이 추운 날씨에도
'겨울 싹'이 어느새 고개를 내밀고 있었어요.
낙엽이 떨어질 때부터
조금씩 싹을 틔우며 기다리는 겨울 싹.
눈에 띄지 않지만
추운 겨울을 잘 보내고 있더라고요.

사랑의 신비인 겨울 싹,
겨울 싹을 키우시는 하느님 손길이 눈물겹습니다.

라일락 나무

수녀원 정원에는 라일락 나무가 있어요.
35년 전 제가 입회했을 때 아기 나무였는데
지난겨울부터 부쩍 아파 보이고 메말라 보였어요.

저는 나무를 안아 주면서
어디가 많이 아프냐고, 달래 주었지요.
상하좌우, 사방으로 몸부림치는 라일락 나무를 보면
마치 제가 35년 수도 생활을 하면서
캄캄한 '벽'을 만났을 때의 그 모습이 생각나
자주 그 나무에게 제 마음이 가 있곤 합니다.

나무껍질이 쩍쩍 갈라지고

몸통뿐 아니라 가지 끝마다 뒤틀려 가면서도
세상에,
요즈음 가지 끝마다 파란 싹을 틔우고 있어요.
끝까지 우리에게 향기와 그늘을 주려고 말예요.

하늘의 별

수녀원 묘지에 다녀왔습니다.
저희 수녀원은
하늘의 별이 되신 수녀님들이 많이 계세요.
300명도 넘지요, 아마?

저희 수녀원은 화장을 합니다.
한 줌의 재는 작은 나무 상자에 담겨
땅속 깊이 묻혀서
부드러운 또 다른 흙이 됩니다.

수녀들은 죽어서도 공동생활을 합니다.
작은 나무 상자 하나, 또 하나, 또 하나…….

땅속 깊이 3층이 만들어지고
그 위에 비석이 세워지고
수녀들 이름이 하나하나 새겨집니다.

별들이 모여 별 무리를 이루듯
하늘의 별이 된 수녀들도 공동체가 되어
정답게 부활을 노래합니다.

걸으면서……

저는 가끔 혼자서 남산을 걷습니다.
바람 소리, 새소리, 물소리가 반겨 주고
산토끼, 다람쥐, 작은 벌레들도 반겨 줍니다.

혼자서 걸을 때 자유를 만끽하지요.
함께 걷는 사람들은 서로 이야기를 합니다.
혼자 걸으면서도 음악을 듣거나
긴 시간 전화 통화하는 사람도 있습니다.
산에 와서도 자연을 멀리하는 것 같아
안타깝지요.

혼자 뚜벅뚜벅 걸으면서

아무 생각도 하지 않습니다.
그런데 침묵이 제게 묻습니다.
"너는 누구이며, 어디서 왔으며, 어디로 가는가?"

손 편지

손 편지는 문자나 메일에서는 느낄 수 없는
향기와 느낌, 숨결이 고스란히 담겨 있습니다.

정성스러운 감정을 표현하는 데
딱딱한 기계는 어쩐지 어울리지 않는 것 같아요.
내 마음을 옹색한 공간에 담는 것 같아서
답답하고요.
받는 사람 얼굴을 떠올리며 정성 들여 쓰고,
마음에 안 들면 다시 또 쓰고,
다 쓰고 나서도 몇 번씩 읽어 보고…….
이렇게 편지를 쓰는 과정은 가슴 설레는 일이에요.

문득 괴테의 말이 생각나네요.
편지는 가장 아름답고
가장 가까운 삶의 숨결이라고…….

글쓰기

글은 길게 쓰는 것보다
짧게 쓰는 게 훨씬 어렵습니다.

글을 다듬고 줄이고 또 줄입니다.
조사, 형용사, 부사를 먼저 줄이고,
때론 피 같은 문장을 통째로 들어내기도 하지요.

글을 쓸 때,
늘 나를 휘감는 단어들.
고독, 절제, 용기, 기다림……
마침내 자유!

우리 삶 역시 어쩌면 채우는 것보다
덜어 내는 게 더 힘든지도 모릅니다.
하지만 덜어 냄의 미학을 깨치고 나면
그보다 더 행복할 수가 없습니다.

백장미 수녀님

수녀님 한 분이 돌아가셨습니다.
곱게 웃으시던 그 모습 그대로…….
하얀 수도복에 하얀 베일을 쓰시고
마치 백장미처럼 곱게 누워 계셨습니다.
수녀원은 3일 동안
돌아가신 수녀님의 부활을 기다리면서
긴 침묵에 잠깁니다.

〈수도 생활 63년.
고아원에서 15년,
세탁실 일과 집안일을 하며 33년, 휴양 15년…….
언제나 웃음을 잃지 않았으며

희생을 아끼지 않았다.
기력이 다할 때까지 묵주 주머니를 만들어
후배들에게 나누어 주었다.〉

우리 수녀님의 약력은 이것이 전부입니다.
저는 믿습니다.
오늘 밤, 하늘에는
유난히 밝은 별 하나가 반짝이고 있을 거라고.

수도자

수도자의 봉헌은
자신을 온전히 봉헌함으로써
하느님의 사람이 되는 것입니다.

복음 삼덕 = 자유

수도자는
매일매일 버림으로써 자유인이 됩니다.
정결, 타인으로부터의 자유
가난, 세상으로부터의 자유
순명, 나로부터의 자유

수도자의 봉헌은
어느 특정한 공동체에 투신하여
자기 목숨을 바치며,
그 공동체와 운명을 같이하겠다는
장엄한 선포입니다.

수도 생활 = 공동체 생활

먼저 불이 붙은 토막은 불씨가 되고,
빨리 붙은 토막은 밑불이 되고,
늦게 붙은 토막은 마른 것 곁에서 의지하고,
젖은 장작은 나중에 던져져서
마침내 활활 타는 장작불이 되어
함께 어우러져 살아갑니다.

제3부

무심하게 지나친
그 일상이
선물입니다

손해를 보셨나요?

우리는 살면서
어떻게 해야 좋을지 모를 때가 종종 있습니다.
이럴 땐 어떻게 해야 좋을까요?

자신에게 손해가 되는 쪽을
먼저 선택하는 게 가장 지혜롭다고 합니다.

답이 참 역설적인데요.
사람은 누구나 이익 앞에서
눈이 어두워지기 때문이지요.

혹시 오늘 손해를 보셨나요?

그럼 겸손을 한 뼘 키우신 거예요.
참 잘하신 거예요.

일상

엄청난 고통을 겪고 난 이의 행복은 무엇일까요?
아침부터 밤까지 무심했던 그 일상이라고 합니다.

이 세상에서 숨 쉴 수 있고,
배고플 때 밥을 먹을 수 있고,
화장실에 갈 수 있고,
내 발로 걸어 다닐 수 있고,
내 눈으로 하늘을 쳐다볼 수 있고,
그냥 이렇게 살아 있음이 행복하다고…….

그리고 그렇게 아름다운 일을,
그렇게 소중한 일을,

마치 아무 일도 아니라는 듯
너무나 당연하게 생각하고 있는 사람들에게
말해 주고 싶대요.
"지겹게 생각하는 그 일상이 선물"이라고.

행복

행운의 네 잎 클로버를 찾기 위해
아무 생각 없이 밟아 버린
세 잎, 다섯 잎 클로버들…….
우리는 어디 있는지도 모를 행운을 찾기 위해
삶 속에 가득한 행복을 버리고 있는 것은 아닌지,
생각해 봅니다.

행운에 매달리지 마세요.
당신 삶 속에 가득 피어 있는
행복을 밟을 수도 있으니까요.
작고 낮은 행복이……
오늘도 당신을 기다리고 있어요.

멈춰 주세요

남이 나를 알아주지 않아서
속상해하는 경우가 참 많지요.
상을 받지 못해
불평불만을 터뜨리기도 하고요.
상을 받기 위해
옳지 않은 방법까지 동원하기도 하고
낯 뜨거운 일까지 서슴지 않는 경우도 있습니다.

내가 한 일에 대해
남이 어떻게 생각할까를 의식해서
노심초사하는 경우도 많고…….
조금만 칭찬해도 흔들리는 게 사람이고,

조그만 비난에도 참지 못하고
금방 흥분하는 게 사람이지요.

나를 칭찬하는 소리에는 귀가 얇아지고,
박수 소리만 들어도 흔들립니다.
일을 통해 성취감을 느끼고 싶어 하고
그 성취감의 결과로
남보다 위에 서고 싶어 합니다.

"이게 아닌데, 이건 아닌 것 같은데." 하면서도
단 하루도 남에게 뒤지지 않기 위해
쫓기듯 삶의 벌판을 누비고 다닙니다.
"제발, 멈춰 주세요."

부르심

하느님께서는 당신 백성을 위한
아버지가 필요하셨습니다.
그래서 한 노인을 택하셨으니
아브라함이 일어났습니다.

하느님께서는 대변인이 필요하셨습니다.
겁쟁이, 말더듬이를 뽑으시니
모세가 일어났습니다.

하느님께서는 당신 백성을 이끌어 갈
으뜸이 필요하셨습니다.
가장 작고 힘없는 아이를 찾으셨습니다.

다윗이 일어났습니다.

하느님께서는 튼튼한 건물을 세울
바위가 필요하셨습니다.
한 배신자를 선택하셨습니다.
베드로가 일어났습니다.

하느님께서는 당신 메시지를 외칠
증거자가 필요하셨습니다.
선택된 자는 박해자,
바로 바오로였습니다.

하느님께서는 당신 백성을 불러 모으시고자
오늘도 누군가를 찾고 계십니다.

하느님께서는 당신을 택하셨습니다.
그러니 겁이 날지라도
어찌 일어나지 않을 수 있겠습니까?

가장 든든한 길동무

당신에게 올바른 길을 보여 주기 위해서
주님이 당신 앞에 계신다고 합니다.
당신을 안아 주고 보호하기 위해서
주님이 당신 곁에 계신다고 합니다.

악으로부터 당신을 지키기 위해서
주님이 당신 뒤에 계신다고 합니다.
당신이 떨어질 때 당신을 붙잡기 위해서
주님이 당신 아래에 서 계신다고 합니다.

당신이 슬퍼하고 있을 때 위로하기 위해서
주님이 당신 안에 계신다고 합니다.

당신을 축복하기 위해서
주님이 당신 위에 깃들어 계신다고 합니다.

당신 앞에,
당신 곁에,
당신 뒤에,
당신 아래에,
당신 안에,
당신 위에……
가장 든든한 길동무가 있으니 두려워하지 마세요.

숙제

하느님께서
나를 이 세상에 보내실 때
고사리 같던 손에 쥐여 주신
사명은 무엇일까요?

아마도 길 잃지 말고 잘 돌아오라는
숙제가 아니었을까요?

아버지의 집을 떠나 한생을 살아가면서
진짜 어른이 되어 아버지의 집을 찾아오라는
숙제가 아니었을까요?

어떤 모양으로 인생을 살든지
결국은 아버지를 그리워하다가
더 큰 정을 키워
가슴 벅찬 상봉을 맛보자고
이 땅에 나를 보내신 것이 아닐까요?

김영란법

누군가로부터 받은 돈이나 물건이
선물인지 뇌물인지 구분하는
아주 실감나는 방법이 있습니다.

무언가를 받은 날 밤.
잠이 잘 오면 선물,
자꾸 뒤척이게 되면 뇌물이라는 거예요.

오늘 혹시 누구하고 불편한 관계에 있었다면
잠 못 주무시겠지요?
바로 마음의 빚을 지신 거예요.

무관심,
회피,
외면,
말 없는 폭력들…….

누군가로부터 뇌물을 받는 것도 두렵지만,
이런 마음의 빚이 쌓이는 것이
더 두렵지 않습니까?

소나기

소나기를 꽤나 좋아해서
한여름이면 빗속에 서고 싶은 충동에
마음이 빗나간 적이 한두 번이 아닙니다.

소나기가 씻어 가는 것이
비단 더위뿐일까요?

내 의식 저 깊은 곳,
알게 모르게 쌓여 있는 미세 먼지들…….

세월보다 먼저 빛바래어 가는 무뎌진 의식을
깨어나게 해 줄 시원한 소나기가 그립습니다.

기억 속의 과거

그때 그 사람을 만나지 말았을 것을……

그때 그 일을 하지 말았을 것을……

그때 그 말을 하지 말았을 것을……

그때 그냥 모른 척할 것을……

그때 내가 먼저 용서를 구했을 것을……

그때 좀 더 따뜻하게 대해 주었을 것을……

그때 좀 더 솔직하게 말했을 것을……

그때 좀 더 생각을 깊게 했을 것을……

그때 좀 더 정성을 다했을 것을……

그때 좀 더 참았을 것을…….

바꾸고 싶은 기억들,

물리고 싶은 기억들…….

기억 속의 과거는 부메랑이 되어
소중한 내 현실이 과거라는 덫에 갇히고 맙니다.

과거는 과거일 뿐……
내 삶의 자리는 지금, 여기뿐이에요.

몸이 아플 때면

지난 한 달은 독감으로 끙끙대며 지냈습니다.
웬만큼 아픈 것은 잘 견디는 편인데……
미사 참례도 못 하고 하루 종일 누워 앓다가,
저녁이면 열나는 몸을 겨우 추슬렀지요.

한 번씩 몸이 아플 때면
자신을 깊이 들여다보게 됩니다.
펄펄 살아 있을 때는
부끄럽게도 일에 쫓겨
마음을 들여다볼 겨를이 없지요.
역시 하느님을 만나기 위해서는
안으로, 안으로 들어가야 함을 깨닫게 됩니다.

마치 별을 보기 위해
등불을 꺼야 하는 것과 같다고 할까요?
참으로 신비한 일입니다.
아플 때 그 별이 더 잘 보이니까요.
마찬가지로 만사형통 잘되어 갈 때보다
고통 중에 있을 때 그 별이 더 잘 보이겠지요.

다시 시작

주님!
엄마 품에서 잠을 깨는 아기처럼
저의 한 해를 당신 손안에서 시작하고 싶었습니다.
매일을 당신께 맡기며 그렇게 시작하고 싶었습니다.

축복의 손으로 열어 주신 한 해
당신께서 주신 쪽빛 희망을 받아 안고
제 가슴은 설레었습니다.

그리고 어느덧 365일을 보냈습니다.
한 해를 마무리하며
죄송스러운 마음으로 당신 앞에 섰습니다.

저의 삶과 저의 기도가
하늘에 닿기엔 턱없이 부족했기 때문이지요.
당신께는 제가 어떤 사람인지
애써 설명할 필요가 없습니다.
앉거나 서거나
저를 환히 꿰뚫어 보시는 당신이기 때문입니다.

이런 저를 품에 안으며 들려주시는 말씀,
"나는 다 잊었다.
내가 다 잊은 것을 네가 왜 기억하고 있니?
걱정하지 마라. 새로 시작하면 되지 않느냐?"

"주님, 감사합니다. 새로 시작하겠습니다.
엄마 품에서 행복한 아기처럼
그렇게 다시 시작하겠습니다."

노숙인

저는 평소에 길에서 노숙인을 보면
약간 두려운 마음에 우선 피했습니다.

2014년 7월 31일 밤 9시경.
방송을 마치고 수녀원으로 돌아가던 중,
어느 분식집 앞에서
입맛을 다시는 한 노숙인을 보았습니다.

저는 발걸음을 멈췄어요.
어깨까지 내린 긴 머리에
한여름인데도 누더기 겨울옷을 입고
그야말로 누추한 모습이었지요.

제가 다가가 "형제님, 배고프시죠?" 했더니
고개를 끄덕였어요.
"저랑 같이 식사하실래요?" 하며
분식집으로 앞장서 들어갔어요.

그런데 그 안에 있던 주인은 물론
사람들이 모두 피하는 거예요.
그분에게서 악취가 났던 거지요.

그날 신기하게도 저만 그 냄새를 못 맡았던 거예요.
어렵게 부탁해 그곳에서 함께 밥을 먹었고,
눈으로 많은 이야기를 했어요.

한마디 말도 없으시던 그분이 헤어질 때
저에게 "수녀님! 수녀님!" 하고 여러 번 부르셨어요.

저는 떨리는 가슴으로
"예수님." 하고 가만히 불렀습니다.

해 질 무렵

해 질 무렵은 귀 기울이는 시간입니다.
내 안의 소리에 귀 기울이는 시간이에요.

누군가 우리 곁에서
외롭게 앓고 있는 것은 아닌지,
홀로 울고 있지는 않은지,
하고 싶은 말이 많은데도
가슴에 담아 두고 못 하는 사람은 없는지
돌아보아야 할 시간입니다.

해 질 무렵은 사람들과 만나서
나의 이야기를 하는 것이 아니라,

그들의 이야기를 들어야 하는 시간이에요.

해 질 무렵은
그리움이 이는 때…….
두 손을 모으게 되는 하느님의 시간이에요.

고해성사

사제가 사제임을 절실하게 느끼는 순간은
통회하는 죄인을 만날 때라고 합니다.

자신의 죄를 진정으로 아파하는 영혼은
아름답습니다.
그의 고백을 듣는 사제까지도 성화하니까요.

하물며 자비의 하느님 눈에야
얼마나 아름답게 보이겠어요.

고해성사는
단순히 죄를 열거하는 게 아니고요.

하느님께 나의 부수어진 마음,
깨어진 관계를 고백하는 거예요.

우리 삶의 진실을 말하는
눈물겨운 성사입니다.

세월호

세월호는 하나에서 열까지
거짓말의 덩어리를 싣고
기우뚱거리다 침몰했습니다.

참사의 진상은 아직 다 드러나지 않았습니다.
누가 꽃다운 넋들을 죽게 만들었는지
책임을 묻는 일도 온전히 이뤄지지 않았습니다.
배를 기울게 해 침몰에 이르게 한 것은
켜켜이 쌓인 무책임과 적당주의였습니다.

이 순간에도 얼마나 많은 세월호가
저 거짓말 덩어리를 싣고

죽음의 바다로 향하고 있을까요!

노란 리본…….
제가 그곳에 간 이유는
제가 걸을 수밖에 없었던 이유는
세상이 어떤 멍에를 짊어지고 있는지
어떤 덫에 걸려 신음하고 있는지
눈으로 보고, 코로 맡고, 귀로 듣고,
입으로 진실을 말하기 위해서입니다.

그곳엔 진실이 있었습니다.
그곳엔 진실을 말하고 살아가는
사람들이 있었습니다.

촛불

옮겨 주시는 대로
깜빡거리며 살다 보니
시간만 흘렀습니다.

한평생
깜빡거리는 졸음과 싸우며
살았습니다.

아침마다 더 자고 싶은 유혹으로
하루를 시작하면서
하루 종일 졸고 있는 나의 모습.

졸면서 살아온 나의 삶을
빛으로 보게 될 때…….

해 놓은 일이 없다고
초라하게 느끼고
도망치지 않도록 도와주십시오.
과장하며 떠벌리고
꾸며 대지 않도록 도와주십시오.

제4부

기뻐하고

기도하고

감사하고

마음의 티눈

내 마음속에는
내가 쳐 놓은 울타리와 장벽이
왜 그리 많은지 모르겠습니다.

하지 말아야 한다고
박아 놓은 금기의 표지판이 즐비하고,
가지 말아야 한다고
세워 놓은 붉은 신호등이 많습니다.

꼭 맞는 신을 신고
한 해 한 해 살아오는 동안
억눌린 새끼발가락에 딱딱한 티눈이 생기듯

마음 군데군데 박힌 티눈들이 수없이 많습니다.

점점 단단해지는 내 마음,
점점 좁아지는 내 마음…….
주님, 마음의 티눈은 어떻게 뽑아야 하나요?

하늘에 계신 우리 아버지!

어느 날 주님의 기도를 묵상하는데……
"하늘에 계신 우리 아버지."
이 첫 줄에서 그만 숨이 멎는 듯했습니다.
하루에도 수도 없이 외웠던 기도문,
아니 반세기가 넘도록 내 몸에 밴 주님의 기도인데
그날은 처음으로 느끼는 어떤 울림이 있었습니다.

하늘에 올라가신 나의 아버지가
아주 선명하게 떠올랐지요.
땅에서 하늘까지, 이승과 저승의
아득한 거리지만
애틋한 그리움 하나로

아버지를 만날 수 있었습니다.
보고 싶다고, 아쉽다고, 고맙다고,
미안하다고…….
이렇게 울고 웃으며 난 아버지를 만났습니다.

'하늘에 계신 우리 아버지'와
'하늘의 별이 되신 나의 아버지'가
하나로 어우러지던 날, 나는 비로소 깨달았습니다.
주님의 기도가 '사랑 덩어리'인 것을…….

이 세상에 영원한 존재는 그 어디에도 없습니다.
이 세상의 고통이 아무리 클지라도
죽음과 함께 사라집니다.
모두가 한때일 뿐…….
오직 사랑만이 사라지지 않고
우리들의 기억에 남습니다.
그래서 살아 있을 때
스스로 행복을 만들어야 하고,

이웃과 따뜻한 가슴을 나누어야 한다고
주님의 기도는
하늘의 아버지께서 나에게 알려 주신
고귀한 선물이지요.

연민

예전에는 보이지 않던 것들이 보입니다.
세상의 중심이
조금씩 밖으로 이동하기 시작합니다.
나뿐만이 아니라 남도 보이기 때문이지요.

예전엔 미처 몰랐어요.
사랑하는 누군가와 사별한 사연이,
그렇게 산산이 부서진 사연인 줄…….
예전엔 미처 몰랐어요.
돈 좀 생기게 해 달라는 사연이,
그렇게 매달리는 절박한 사연인 줄…….
예전엔 미처 몰랐어요.

몸이 아픈 사연이,
그렇게 외로움에 시린 마음의 사연인 줄…….

우리 인생에서 가장 중요한 것은
인간에 대한 연민.
이것만큼 중요한 것은 없지요.

인간에 대한 연민만이 사람을 사람답게 하고
인간에 대한 연민만이 이 세상을 살리고
인간에 대한 연민만이
하느님을 만날 수 있으니까요.

봄꽃이 되어

봄꽃들이 다투어 핍니다.
매화가 겨울의 끝자락을 알리고 나면
산수유가 어느새 꽃망울을 터트립니다.

이어서
눈부신 노란 개나리와 수줍은 붉은 진달래가
우리의 눈을 즐겁게 해 주지요.

그러고 나면
'다음은 내 순서야.'라는 듯
벚꽃과 목련이 봉오리를 맺습니다.

하느님의 창조 세계를 보며
나도 모르게 봄꽃이 되어 갑니다.

2016년 겨울, 광화문에서

2016년 겨울,
국정 농단과 부정부패의 고리가 백일하에 드러난
우리나라…….
이 격동의 시기는 국민 전체가 회심하여
새로운 역사를 써 내려간 은총의 시기였습니다.

우리는 막다른 골목에 이르러 밑바닥에 떨어져야만
내 얼굴을 포장하던 수많은 가면을 벗고
진실을 대면할 수 있는 용기가 생기나 봅니다.

저도 광화문 광장에 열두 번 혼자 갔습니다.
촛불이나 태극기를 들고 간 게 아니라

토요일 이른 아침에 묵주를 들고 갔습니다.

아무도 없는 광화문 광장을 걷고 또 걸으면서
묵주 기도를 열심히 바쳤습니다.
시민이나 경찰이나 아무도 다치지 말라고…….
촛불이나 태극기나 아무도 부딪치지 말라고…….

그렇게 두 시간을 걷다 보면
제 마음에 잔잔한 평화가 일었습니다.
그리고 우리나라가 잘되기를 바라는
간절한 마음 하나를
광화문 광장 어딘가에 남겨 두고
조용히 되돌아왔습니다.

시민들이 집회하는 저녁 그 시간에는
아무 일도 없다는 듯 평안한 마음으로
수녀원에서 성무일도를 바쳤습니다.

어떻게 들어야 할까요?

상대방의 말을 잘 알아들으려면
어떻게 들어야 할까요?
마음으로 정성껏 들어야겠지요.
그 외엔, 다른 방법은 없을까요?
눈으로 들어야 합니다.

상대방의 눈을 바라보면서,
차마 말하지 못하는 것까지 찾아내고
그 마음 헤아려 들을 줄 알아야 진짜 듣는 거예요.

우리는 늘 많은 사람을 만납니다.
가족부터 주변 사람들까지…….

그런데……

눈을 바라보면서

마음의 소리를 들으려고 애쓰셨나요?

그해 여름

그해 여름은……
찌다 못해 푹푹 삶는 더위였어요.

저는 서울의 가난한 어느 본당에서
소임을 하고 있었지요.
가난했지만,
참기쁨, 참행복이 무엇인지 아는
아주 아름다운 공동체였어요.

낡은 선풍기 몇 대만 돌아가는 미사 시간에도
어느 누구 하나 주보로 부채질하지 않고
등받이 없는 의자에 꼿꼿이 앉아

소리 높여 우리 주님을 찬미하고,
가슴 뜨겁게 우리 주님을 만났어요.

수녀들이 참다 참다 너무 더워서
성당 마당 수돗가에서 장난을 치고 있었는데,
이를 불쌍히 보신 주임 신부님께서
호스를 꾹 눌러서 마구마구 물을 뿌려 주셨지요.

수도복이 홀딱 젖었어도
시원한 맛에 깔깔 웃으며 마냥 즐거웠던
그해 여름…….

해마다 여름이 되면
가난을 사랑했던
그해 여름이 스쳐 갑니다.
가난한 사람을 소중히 여겼던
그해 여름이 그립습니다.

부끄러움

고전 학자들의 이야기입니다.
옛날 관직 선비들의 첫 번째 덕목이
무엇인지 아세요?

진실, 아니요.
지식, 아니요.
청빈, 아니요.

옛날 관직 선비들의 첫 번째 덕목은
부끄러워할 줄 알아야 한다는 것이었어요.

민초들을 향하여 부끄럽지 않아야 된다고요.

부끄러움은 알고 보면 참 정직한 덕이지요.

일을 저지르고도
부끄러워할 줄 모르는 사람들이 많아서
민초들이 신음하는 게 아닌가 싶어요.

마음의 뿌리

아름답기만 한 꽃을 바라보다가
문득 땅 밑의 세계가 그려졌어요.

꽃은 뿌리가 물에 닿아야 살 수가 있지요.
그런데 뿌리가 물에 닿기까지 거쳐야 했을 과정들.

흙을 뚫고,
돌을 녹이고,
메마른 지층을 가로지르고…….

고통이 참 많았겠다, 생각하니
꽃들을 바라보기가 너무 미안했어요.

믿음 역시 마음의 뿌리를 내리는 일이에요.
흙,
돌,
메마른 지층…….

내 마음의 뿌리는 어디쯤 와 있을까요?

당신은

힘들어하지 마세요.
좌절하지 마세요.
두려워하지 마세요.

당신 때문에 행복해하는 사람이 있어요.
당신 때문에 살맛 난다고 하는 사람이 있어요.
당신 때문에 위안이 되고 고마워하는 사람이 있어요.

당신은 귀한 존재입니다.
당신 때문에 웃음을 찾으며 즐거워하고
당신을 향한 그리움으로 사는 사람도 있습니다.

당신에 대한
사랑이 아니라면,
믿음이 아니라면
나 역시 느끼지 못했을 것입니다.

당신도 누구 때문에
위안을 받기도 하고 고마워하겠지만
당신 때문에 그 모든 것을 받아들이는
사람도 있다는 것을 잊지 마세요.

파동과 공명의 세계

이 세상은 파동의 세계입니다.
무엇인가가 흐르고 출렁이며
퍼져 나가는 세계지요.
아울러 이 세상은 공명의 세계입니다.
이 파동이 공감을 일으켜 메아리를 울리듯
더 큰 물결로 번져 나가는 세계지요.

결국 파동과 공명의 세계 속에서는
모든 것이 전염되듯 퍼져 나갑니다.
긍정의 파동을 퍼뜨리면 긍정의 세계가 열리고
부정의 파동을 퍼뜨리면 부정의 세계가 열립니다.

당신에게선 어떤 파동이 퍼져 나가나요?
당신에게선 어떤 공명이 번져 나가나요?

소통의 어려움

문자 보내고 답장이 없으면 때론 속이 상합니다.
하지만 모든 문자가
안전하게 도착했다고는 생각하지 마세요.
만에 하나 배달 사고가 나기도 하니까요.

상대방이 내 이야기를
모두 이해했다고 생각하지 마세요.
말을 하는 나와 말을 듣는 그가
엇박자일 수도 있으니까요.

원칙보다 사랑이 중요한 사람이 있고
사랑보다 원칙이 중요한 사람이 있습니다.

재미보다 성찰이 좋은 사람이 있고
성찰보다 재미가 좋은 사람이 있습니다.
안전을 우선시하는 사람이 있는가 하면
모험이 앞서는 사람이 있습니다.

이렇게 다 다른데 어떻게 맞추겠어요.
아무리 선한 생각이라도
내 마음 같다고 여기지는 마세요.

나의 이야기가 필요한 사람들만,
나에게 관심 있는 사람들만,
나를 배려하는 사람들만,
내 이야기를 들으니까요.

사람을 볼 때

사람을 볼 때 꼭 눈여겨보세요.
먼 훗날, 후회하지 않기 위해서…….

인도의 바깥쪽을 택하는지,
무심히 안쪽으로 걷는지.
머문 자리가 깨끗한지,
눈에 띌 정도로 지저분한지.

어두운 쪽에 자리를 잡는지,
밝은 쪽에 자리를 잡는지.
비판의 대상을 화제로 삼는지,
칭찬의 대상을 화제로 삼는지.

사람을 볼 때 꼭 눈여겨보세요.
먼 훗날, 후회하지 않기 위해서…….

무지개, 아름다운 모든 것

가지 못한 길,
이루지 못한 사랑,
성취하지 못한 것들에 대한 아쉬움.

아름다운 모든 것은 무지개 같습니다.
간절히 바라지만 정작 내 것이 되어 다가가 보면
그건 아니었어요.
차라리 그리워하며
의지를 키우던 때가 행복했지요.

그리움,
기다림,

외로움을 통해
사람은 정화되고 맑아지는 듯합니다.

무지개는 무지개로 바라볼 때 가장 아름답습니다.
그리움,
기다림,
외로움에 시린 가슴이 되어도
무지개는 무지개로 바라볼 때 가장 행복합니다.

나는 흙입니다

내쳐진 이들을 품어 줄 때마다
내 속도 함께 썩었습니다.

계속 밟히고 부서지며 살아온
고달픈 나의 삶이었지만
나를 찾는 이들을
조건 없이 받아 줍니다.

절망 속에서 숨을 죽이며 살고 있는 이들 안에서
숨겨진 가능성을 찾으며
다시 새 생명으로 시작할 수 있다는 희망을 갖고
넉넉한 마음으로 기다립니다.

잊을 수 없는 1987년, 그날

지금으로부터 30여 년 전,
1987년 6월 10일, 민주 항쟁…….
그해 6월 명동대성당은
가난한 사람들의 피난처였습니다.
불의에 억눌리던 모든 사람이
아무 말 없이 품어 주는 성당을 찾아
모여들었습니다.

최루탄 가스로 혼탁한 세상을 향해
교회가 우뚝 섰습니다.
김수환 추기경님이 맨 앞줄에 서셨고
그다음에 사제들, 그다음에 수녀들,

그다음에 교우들…….
서른 살 젊은 수녀였던 저도,
그 자리에 섰습니다.

저희 수녀원에서는 김밥을 말기 시작했습니다.
두 가마 넘는 쌀을 불려서 온 식구들이
기쁘게, 정성을 다해 김밥을 말았습니다.
그리고…… 내 편 네 편 가리지 않고
데모하는 학생들에게도, 이를 막는 경찰들에게도
골고루 똑같이 김밥을 나누어 주었습니다.
김밥을 받아 든
어느 전경의 말이 지금도 생생합니다.
"수녀님, 저도 성당 다녀요. 바오로예요."

1987년 6월…… 몸은 고달팠지만
마음은 한없이 자랑스럽고
행복했던 시절이었습니다.

그리고 30여 년이 지난 지금,
세상과 하느님 나라 사이의 팽팽한 외줄을 타고
우리 교회가 어떤 방법으로 건너가야 하는지,
가슴에 두 손을 얹고 생각합니다.

그믐달

기울어진 모습으로 세상을 보니
모두가 다 어둡습니다.

이제는
밝게 살아 보고 싶어 노력해 보지만
그때마다 변해 가는
내 모습을
세상은 불평 없이 바라보며 격려해 줍니다.

다시
둥근 모습으로 밝아질 때를
한결같은 마음으로 기다려 줍니다.

신앙의 삼박자

신앙에 함정이 있지요?
기뻐할 수는 있는데 언제나는 어렵고요.
기도할 수는 있는데 끊임없이는 못 하지요.
감사할 수는 있는데 모든 일에는 할 수가 없습니다.

'언제나, 끊임없이, 모든.'
이 부사 앞에서 그만 힘을 잃고 말아요.

내 입맛에 맞을 때 하는
기쁨과 기도와 감사는
본능이지 신앙이 아닐 거예요.

신앙은 순탄할 때가 아니라,
시련과 어려움을 통해서 더욱 굳세어지니까요.
'기뻐하고, 기도하고, 감사하고.'
이 삼박자 잘 지켜 내고 싶습니다.

제5부

예수, 마리아, 요셉

성탄 聖誕

사람아!
너는 내가 코에 입김을 불어 넣으니
사람이 되어 숨을 쉬었다.
그때부터 너는 나의 의미가 되었다.

네가 비록 한없이 무가치하고
그 누구보다도 철저하게 버림받아
생각해 주는 사람 하나 없다 할지라도
나는 너를 내 가슴속에 깊이 간직하고 있단다.

네가 비록 나를 배반하고 도망간다 해도
그것 또한 너의 한계요, 연약함이기에

결코 원망하거나 포기하지 않고
너를 긍정하며 언제까지나 기다리고 있단다.

어떠한 경우에도
'내가 너를 늘 생각하고 있다'는
사실을 믿고 네가 기뻐한다면 얼마나 좋을까?

사람아!
나는 너를 사랑한단다.
오죽했으면 너와 똑같은 사람이 되어
이렇게 네 곁에 있기를 원했겠느냐?

사람들아!
서로 사랑하여라.
내가 너희와 더불어 살았듯이
고통 중의 너희와, 굶주린 너희와, 고독한 너희와
함께 울며, 나누며, 생명을 바쳤듯이
그렇게 너희도 서로 사랑하여라.

너희 중에 한 사람이라도 존중받지 못할 때
너희가 함께 아파하지 않는다면
길 잃은 양 한 마리를 위해
아흔아홉 마리 양을 버리는
나의 마음을 어찌 이해할 수 있으며
빵 다섯 덩이와 물고기 두 마리로
수천 명을 먹이는 나의 마음을
어찌 헤아릴 수 있겠느냐?

사람은 하늘을 바라보며
하늘을 그리워함으로써
땅에서 비로소 사람이 된단다.

땅에 살면서 하늘을 그리워함은
너의 삶이 허공에 둥둥 떠 있는 것이 아니라
오히려 땅에 더욱 밀착되어
눈에 보이는 것, 무게로 달고,
자로 재어 볼 수 있는 것에 사로잡히지 않고

보이지 않는 것, 작고 낮은 것,
측량할 수 없는 것에 의미를 두며
착실하게 사는 것이다.

상한 갈대도 꺾지 않고
꺼져 가는 심지도 끄지 않는 마음으로
한 사람, 한 사람을 귀하게 여기며
가난하고 약한 자일수록
더욱 아끼고 감쌀 줄 아는 것이
땅에 살고 있으면서
그 고향을 하늘에 둔 '참사람'이란다.

내가 한없이 작은 아기가 되어
너희 곁에 머무는 뜻은 다만 하나.

사람들아!
내가 너희를 사랑하였듯이
너희도 그렇게 서로 사랑하여라.

성모님의 일곱 향기

성모님의 향기 하나 · 받아들임

"저는 주님의 종입니다. 말씀하신 대로 저에게 이루어지기를 바랍니다."(루카 1,38) 마리아는 말씀이 싹트도록 순결한 영혼의 땅을 기꺼이 내놓았습니다. 마리아는 배 속에서 자라나는 또 다른 존재의 무게를 느끼고 자신의 일상을 그 존재의 리듬에 온전히 맞추었습니다.

> 기꺼이 받아들이신 성모님, 작은 변화도 선뜻
> 받아들이지 못하는 저희들이오니 저를 시들게
> 하고 남도 시들게 하는 고집과 이기심일랑 저

아래에 내려놓고, 저를 병들게 하고 남도 병들 게 하는 경쟁과 허영의 이파리를 훌훌 던져 버 리도록, 주님께 전구하여 주소서.

성모님의 향기 둘 · 기다림

마리아는 성령으로 말미암아 예수님을 품고 아홉 달을 기다렸으며, 아들이 집을 떠나 돌아오지 않 던 그날도 기다리고 기다렸습니다. 십자가에 못 박힌 외아들이 마지막 숨을 거둘 때까지 기다렸습 니다. 그리고 무덤 앞에서 홀로 밤을 지새우며 사 흘날이 되길 기다렸습니다.

기다리고 기다리신 성모님, 어머니의 기름을 저희에게도 나누어 주시어 저희들도 환하게 불 을 밝히고 어떠한 사람 앞에서도, 어떠한 상황 에서도, 실망하지 않고 좌절하지 않고 희망으로 기다리도록 주님께 전구하여 주소서.

성모님의 향기 셋 · 따뜻함

마리아는 해방의 찬가, 마니피캇을 노래했습니다. 그리고 아주 특별한 선택, 짓밟힌 이들의 편이 되었습니다. 지는 팀을 위해 함께 뛰기로 결심하고 우승기를 휘두르는 대신 억압받는 이들의 깃발을 흔들어 주기로 했습니다.

> 따뜻하신 성모님, 저희는 어머니의 논리와 얼마나 동떨어져 살고 있는지요? 우리 교회가, 제 자신이, 마니피캇이 들려주는 그 해방과 자유, 그 인내와 온유, 그리고 그 가난을 몸소 살도록 주님께 전구하여 주소서.

성모님의 향기 넷 · 알아차림

마리아는 예수님의 '때'를 알아차립니다. 카나 혼인 잔치의 항아리 여섯 개……. 아직 예수님의 '때'가 이르진 않았지만, 마리아는 용감하게 그 '때'의 전환점을 마음에 품고 청합니다. 포도주가 떨어졌으니 신약의 포도주를 앞당겨 달라고…….

> 분주한 혼인 잔치에서도 무엇이 필요한지, 어떻게 도와야 하는지 알아차리신 성모님, "그가 시키는 대로 하여라."(요한 2,5)라는 말씀으로 신비로운 새벽을 일깨워 주셨으니 전쟁과 테러, 기아와 질병으로 신음하는 세계 곳곳에 평화가 앞당겨지도록 주님께 전구하여 주소서.

성모님의 향기 다섯 · 용감함

마리아는 30년이라는 침묵의 세월 속에서 가난한 삶을 살아야 했고, 어느 날 목공소 문을 닫고 떠나는 예수님을 말없이 바라보아야 했습니다. 그리고 마침내 마리아는 골고타까지 따라가 죽어 가는 아들을 지켜보며 십자가 옆에서 용감히 어머니의 자리를 지켰습니다.

> 용감하신 성모님, 국민들이 힘겹게 이루어 낸 이 나라가 외교 문제, 정치 문제, 경제 문제 등을 잘 헤쳐 나가도록 지혜와 용기 주시고, 국민들 모두가 차분하게 자신의 자리를 지키며 자신이 맡은 일을 잘 해낼 수 있도록 주님께 전구하여 주소서.

성모님의 향기 여섯 · 침묵

마리아는 복음에서 단 네 번 말할 뿐입니다. 주님 탄생 예고 때, 마니피캇을 노래할 때, 예수님을 성전에서 사흘 만에 찾았을 때, 그리고 카나의 혼인 잔치에서 일꾼들에게 예수님의 지시를 따르라고 할 때……. 마리아는 말을 할 때도 침묵을 깨트리는 법이 없었습니다. 마리아의 침묵은 말씀을 품고 있는 자궁입니다.

> 모든 일을 마음속에 간직하신 성모님, 삶의 중요한 것들…… 회심, 사랑, 희생, 죽음은 침묵 속에서만 커 갈 수 있음을 깨달아 저희가 허다한 소음 속에 살면서도 깊은 침묵을 살아내도록 주님께 전구하여 주소서.

성모님의 향기 일곱 · 꺼지지 않는 빛

골고타에서 부는 바람이 모든 등불을 꺼 버렸지만, 마리아의 등불은 여전히 밝게 빛나고 있었습니다. 마리아는 꺼지지 않는 빛으로서, 불꽃을 간직한 등대가 됩니다. 그날 마리아는 손에 등불을 들고 기쁜 소식을 전하러 세계 곳곳을 돌아다닙니다.

꺼지지 않는 빛이신 성모님, 어머니 인생처럼 제 인생에도 천둥 번개 치고 폭풍우가 몰아칠 때 분석하거나 따지지 말고, 세월이란 바람에 젖은 옷을 말리듯 부활을 기다리는 성토요일을 닮도록 주님께 전구하여 주소서.

성^聖 요셉

성 요셉,
당신은
시작부터 마침까지 주님 뜻 받드시려고
하고 싶은 많은 말, 가슴에 묻어 두고
보일세라 들릴세라 꼭꼭 숨으시어
바위틈에 돋아난 이름 없는 풀처럼
그저 들러리 인생을 사셨습니다.

당신은 진리의 말씀에 귀 기울이며
세상의 소리에 침묵할 줄 알았고
남의 허물 감싸 주는 선한 마음 지니셨으며
무엇보다도 뚜렷한 소신을 갖고 사시어

주님 보시기에 그렇게도 좋으셨습니다.

"요셉아, 나를 좀 도와 다오."
건네시는 주님 손을 잡는 그 순간부터
당신은 주님의 사람이 되어
오롯한 봉사와 희생의 길을 걸으셨습니다.

세상에서의 당신은
자신의 것이라곤 하나도 없이
어엿한 아버지이면서도
아버지 이야기만 나오면(루카 2,49 참조)
홀로 외로이 우셔야 했던 아픈 상처 가득하셨던 분.

그러나……
그 숨은 공덕 한 점의 불씨 되어
믿는 이들 가슴속에 번져 나가고
순박한 영혼 안에 살아 있으니
참으로 복되십니다.

성 요셉,
앞서고 싶을 때면
당신을 생각하며 겸손을 배웁니다.
뒤처진다 싶을 때도
당신을 생각하며 용기를 얻습니다.

드러나지 않는 삶,
티끌이나마 따르고 싶어
당신의 이름 높이 부르옵니다.
당신의 모습 깊이 새겨 봅니다.